글 **김정욱**

만화잡지 연재를 시작으로 많은 책과, 라디오, 드라마, 웹툰 등 다양한 분야에 글을 썼습니다. 지금은 학습만화와 어린이 소설을 통해 재미있고 유익한 콘텐츠를 만들기 위해 노력하고 있습니다. 대표작으로는 《로봇세계에서 살아남기》와 《Why》, 《Who》, 《설민석의 세계사 대모험》, 《말이야와 친구들》, 《아토모스 기사단》 등이 있습니다.

 그림 **유희석**

신나고 재미있는 그림을 그리기 위해 쉴 틈 없는 매일매일을 보내고 있습니다. 대표작으로는 《단테의 신곡》, 《만화 문화유산답사기》, 《도티&잠뜰 천재 해커의 비밀》, 《쿠키런 과학상식》, 《보물섬》, 《잠뜰TV 픽셀리 초능력 히어로즈》, 《흔한남매 불꽃 튀는 우리말》 등이 있습니다.

 정보 글 **서원호**

초등학교 교감 선생님으로 학생들과 함께하고 있습니다. 경기도 창의융합교육연구회를 운영하고 프로그램을 개발하며 2016년 올해의 과학교사상을 받는 등 과학 교육 분야에서 활발히 활동 중입니다. 지은 책으로는 《밤하늘에 숨은 도형을 찾아라》, 《구석구석 개념 톡, 과학 톡!》 등이 있습니다.

 감수 **김희목** (KAIST 과학영재교육연구원 선임연구원)

강원대학교 과학교육과를 졸업하고 같은 학교에서 과학교육 전공으로 석사, 박사 학위를 받았습니다. 지금은 KAIST 과학영재교육연구원에서 과학 영재 학생들을 위한 콘텐츠 개발과 과학 영재 육성을 위한 나라의 정책연구를 하고 있습니다.

 감수 **권경아** (KAIST 과학영재교육연구원 선임연구원)

서울대학교 생물교육과를 졸업하고 조지아대학교에서 과학교육 전공으로 박사학위를 받았습니다. EBS에서 여러 생명과학 교재들을 기획, 개발하였고 지금은 KAIST 과학영재교육연구원에서 과학 영재 학생들을 위한 콘텐츠 개발과 정책 연구를 하고 있습니다.

과학 X 파일

비밀요원 레너드
원소

① 킹 다이아몬드 도난 사건

글 김정욱 | 그림 유희석
정보 글 서원호 | 감수 김희목, 권경아

등장인물

레너드
미스터리가 있는 곳이라면 어디든 달려가는 시크릿 에이전시의 정예 요원.

룰라송
레너드 요원과 찰떡 호흡을 자랑하는 시크릿 에이전시의 요원.

너굴 박사
시크릿 에이전시 소속 과학수사본부의 박사. 언제나 과학 연구에 몰두한다.

도치 박사
베일에 싸인 변방의 과학 박사. 너굴 박사를 질투한다.

러시
카리스마를 뽐내며 레너드 요원을 돕는다. 운동은 만능!

미스터 블랙
누구도 그의 얼굴을 본 적 없지만 미스터리 사건 뒤에는 항상 그가 있다.

차례

프롤로그 • 6

1장 사라진 킹 다이아몬드 • 19

2장 단서를 찾아라! • 47

3장 드러나는 원소의 비밀 • 69

4장 진짜 범인은…? • 103

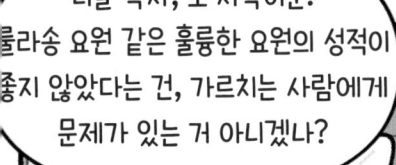

사라진 킹 다이아몬드

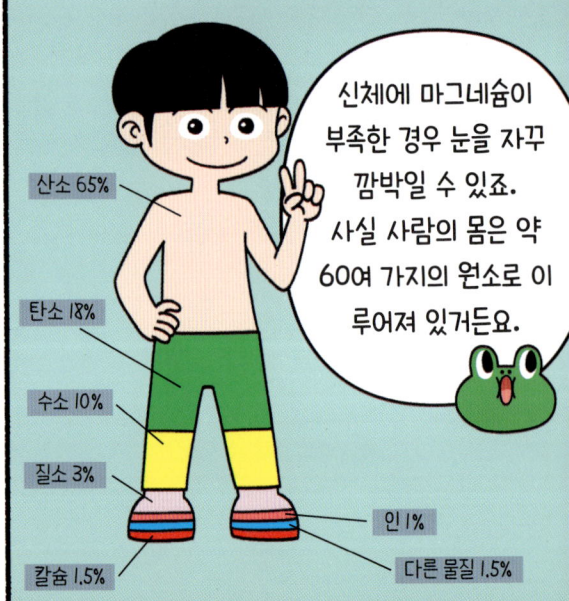

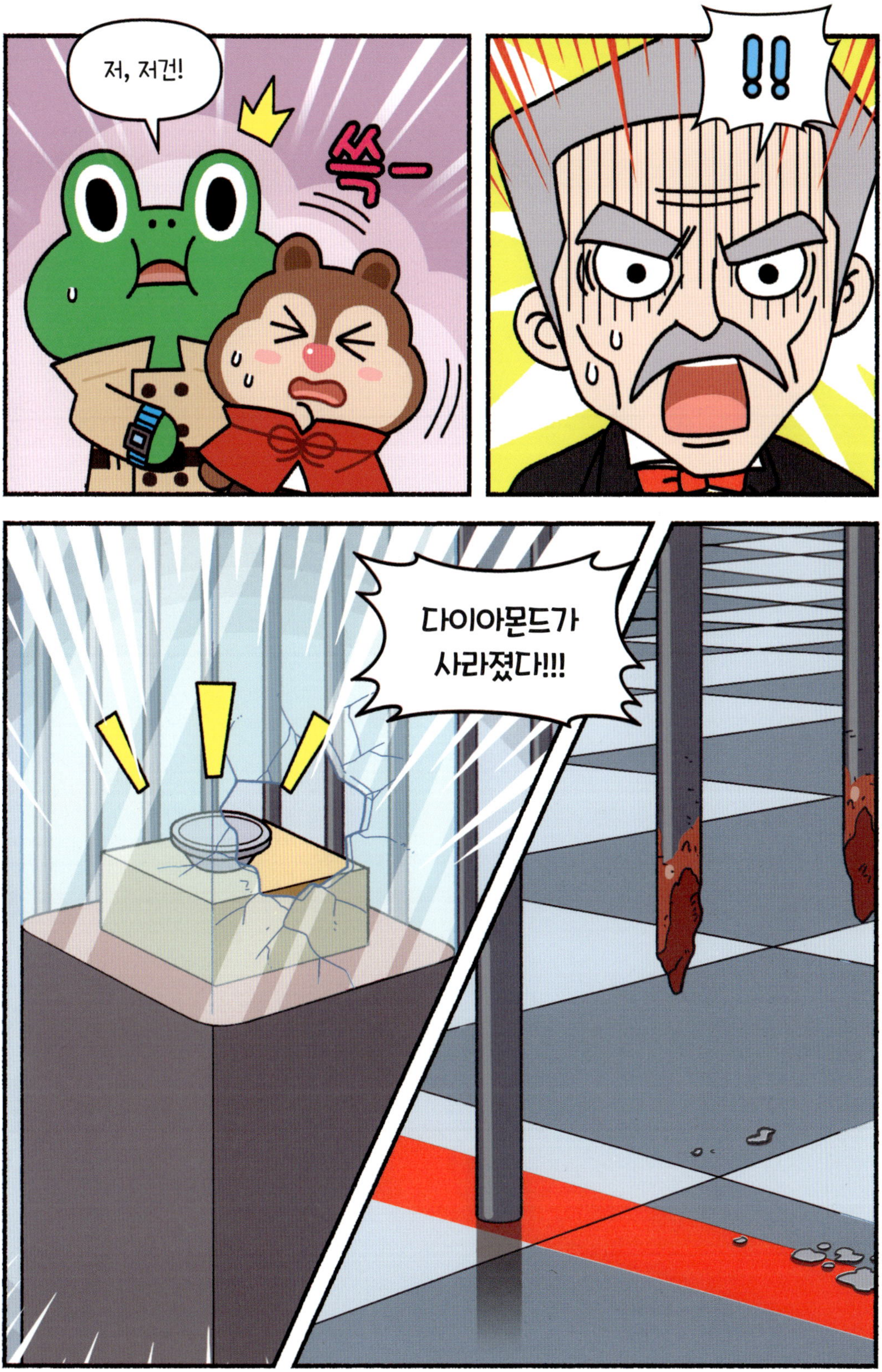

과학 X파일

원소와 원자의 차이?

원소란 물질을 이루는 기본 성분이야. 더 이상 분해되지 않지. 우리 주변에서 쉽게 만날 수 있는 원소는 수소, 산소, 철, 구리, 금, 알루미늄 등이 있어. 원자는 원소의 물질을 구성하는 단위 입자를 말해. 더 이상 쪼갤 수 없다는 뜻을 가졌어. 쉽게 말해 원소는 물질의 종류를 나타낸 것이고, 원자는 실제로 존재하는 물질의 개수를 나타낸 거야.

바구니에 사과 3개와 바나나 5개가 있어. 과일을 원소와 원자에 비유하여 설명하자면, 2종류의 원소와 8개의 원자로 구성되어 있다고 할 수 있지.

홑원소와 화합물

홑원소란 한 종류의 원소로만 이루어진 순수한 물질을 말해. 그래서 홑원소 물질을 원소라고도 해. 그리고 화합물은 두 가지 이상의 서로 다른 원소들이 결합해 만들어진 물질이야. 따라서 홑원소 물질은 화합물이 아닌 거지. 화합물은 꼭 2가지 이상의 원소들로 이루어져야 한다는 것을 잊지 마.

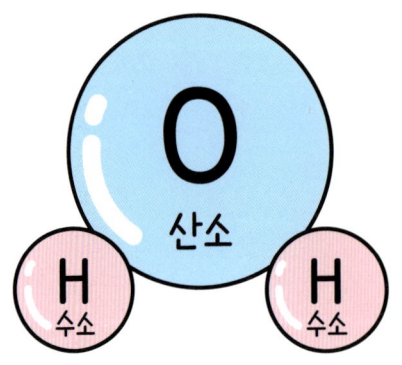

화합물의 예를 들어볼까? 우리가 사는 데 꼭 필요한 물이 바로 화합물이야. 물(H_2O)은 H(수소) 원자 2개, O(산소) 원자 1개로 이루어진 화합물이지.

헬륨가스를 흡입하면 위험해!

원자번호 2번인 헬륨은 폭발 위험성이 없어서 비행선, 풍선에 활용하고 있어. 또한 식품의 급속 냉동과 보존, 포장, 의료 분야 등에서도 쓰이고 있지. 헬륨은 공기보다 가벼워서 공중에 뜨는 성질이 있어. 그래서 파티나 행사장에서 풍선에 헬륨가스를 넣어 사용할 때가 많아. 헬륨가스를 흡입한 사람의 목소리를 들어본 적이 있어? 높고 이상한 소리가 나잖아. 헬륨가스 속에서는 공기보다 목청의 떨림이 더 많아지기 때문에 높은 음이 나거든. 하지만 헬륨가스를 흡입하면 건강에 해롭고 질식 사고의 위험성이 있으니까 조심해야 해!

사람의 몸을 이루고 있는 원소

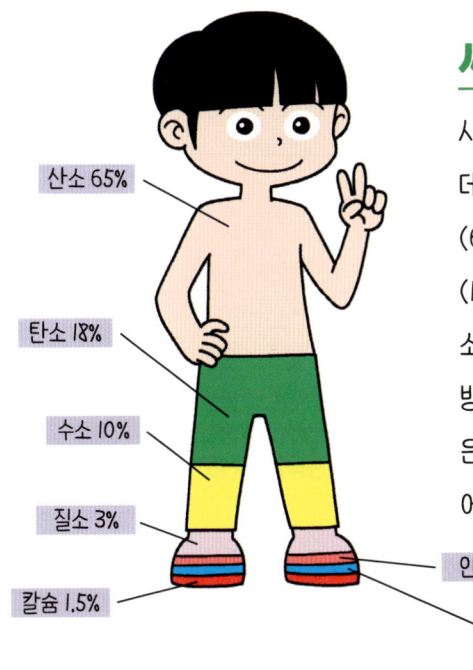

사람 몸은 약 60여 가지 원소로 이루어져 있는데 이 중 단 6가지 원소가 98.5%를 차지해. 산소(65%), 탄소(18%), 수소(10%), 질소(3%), 칼슘(1.5%), 인(1%)이 바로 그 6가지 원소야. 특히 탄소, 수소, 산소는 아주 중요한데 탄수화물과 지방에서 얻을 수 있어. 인체에서 꼭 필요한 미네랄은 우리 몸에서 4%를 차지하고 과일, 채소, 소금에서 얻지.

과학 교과연계
3-1-2 물질의 성질, 3-2-5 소리의 성질, 5-2-5 산과 염기
6-1-5 빛과 렌즈, 6-2-4 우리 몸의 구조와 기능

· 나만의 비밀 편지 쓰기 ·

주의: 위험하니까 꼭 어른과 함께하자! 불에 데이지 않도록 안전에 주의하고 소화기를 옆에 둬야 해.

준비물
레몬즙, 컵, 면봉, 양초, 편지를 쓸 종이

① 레몬즙을 컵에 조금 넣는다.
② 면봉에 레몬즙을 묻혀서 종이에 비밀 편지를 쓴다.
③ 잠시 편지를 말린다.
④ 양초에 불을 켠다.
⑤ 편지지를 양초 가까이에서 따뜻할 정도로 데운다.
⑥ 쓴 글씨가 보이는지 확인한다.
　※ 레몬즙 대신 식초를 사용해도 돼!

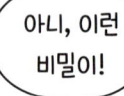

과학원리

레몬즙의 성분인 시트르산($C_6H_8O_7$)은 탄소 원자 6개와 수소 원자 8개, 산소 원자 7개로 이루어져 있어. 면봉으로 글씨를 쓴 부분을 불로 가열하면 수분이 날아가게 되는데, 이때 수소와 산소도 같이 날아가면서 불에 탄 탄소 원자만 까맣게 보이게 되는거야. 식초의 성분인 아세트산도 같은 원리야.

단서를 찾아라!

지금부터 모든 출입구를 막겠습니다.

호텔을 떠나려는 사람은 모두 범인으로 여길 테니 협조해 주십시오!

룰라송, 몸은 좀 어때?

이젠 괜찮아요. 걱정 끼쳐서 죄송해요.

이렇게 큰 배가 녹이 슨다고?

자주 타던 자전거가 어느 날 삐걱삐걱 하면서 소리를 내는 경우가 있어. 자전거가 녹이 슨 거야. 녹이 슨다는 것은 철이 산화되었다는 뜻이거든. 철이 산화되기 위해서는 산소가 필요해. 공기 중에 산소와 철이 만나서 오랜 시간 지나면서 진한 갈색으로 녹이 슬지. 더 빨리 녹이 스는 경우도 있어. 바로 바닷물에 닿았을 때야. 소금물은 철의 산화 작용을 더 잘 일어나게 해서 철이 더 빨리 녹슬게 돼. 우리나라는 세계에서 가장 큰 배들을 만들고 있어. 배를 만들려면 물이 있어야 하기 때문에 주로 바닷가에서 만들어. 그렇다 보니 철로 제작된 거대한 배들이 소금물과 산소로 인해 녹이 스는 경우가 많지. 녹은 우리 몸에 들어가면 염증을 유발하고 건강을 해칠 수 있어서 맨손으로 녹이 슨 철을 만지지 않도록 주의해야 해.

물을 만나면 폭발하는 원소가 있다?

리튬, 소듐, 칼륨, 루비듐, 세슘, 프랑슘 같은 원소를 알칼리 금속이라고 해. 알칼리 금속은 물을 만나면 폭발을 해.

알칼리 금속 + 물 → 수소 + 알칼리염 + 열 이 과정에서 수소가 발생하고, 이 수소가 공기 중에 산소를 만나서 폭발하는 거야. 리튬은 물을 만나면 매우 불안정해지면서 폭발하는 성질이 있어. 그런데 이렇게 폭발 위험성이 있는 리튬이 휴대폰이나 전기 자동차처럼 우리 주변에서 흔하게 쓰이고 있어. 왜 그럴까? 리튬은 작은 크기에 많은 에너지를 저장할 수 있기 때문이야.

휴대폰이나 전기 자동차는 고속 충전보다는 천천히 충전해야 폭발 위험성을 줄일 수 있어!

1초를 만드는 원소

알칼리 금속 중에서도 세슘은 물에 넣었을 때 폭발성이 무척 큰 원소야. 심지어 공기 중에서도 불이 붙을 정도지. 그래서 기름에 넣어 보관해야 돼. 그런데 이런 세슘이 1초를 만드는 정의가 돼. 세계 표준 시간은 세슘 원자가 1초에 91억 9263만 1770번 진동하는 규칙적인 변화를 기준으로 삼아서 1초를 정의하고 있거든. 이 세슘 원자 시계는 30년 동안 단 1초의 오차만 보인다고 하니 정말 대단해.

> **과학 교과연계**
> 3-1-2 물질의 성질, 3-2-5 소리의 성질,
> 6-1-4. 여러 가지 기체

미션, 철의 녹을 제거하라!

준비물: 못(자석에 붙는 다른 쇠붙이도 괜찮아!), 물, 종이컵 2개, 장갑

 철이 녹스는 데 시간이 얼마나 걸릴까?
① 자석에 붙는 못을 준비한다.
② 종이컵 한 개에 못을 넣는다.
③ 다른 종이컵에는 약간의 물과 못을 넣는다.
④ 어느 종이컵 안의 못이 더 빨리 녹스는지 관찰한다.

 철의 녹을 제거하라!
① 녹이 슨 못을 준비한다.
② 집에 있는 식초, 치약, 기름 등을 이용해서 녹이 제거되는지 탐구한다.
③ 어떤 물질이 녹을 제거하는 데 도움이 되는지 조사해 본다.

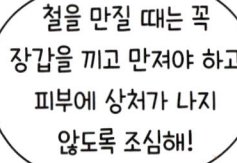
철을 만질 때는 꼭 장갑을 끼고 만져야 하고 피부에 상처가 나지 않도록 조심해!

 **과학원리**

녹은 철이 산소와 결합한 산화철을 말해. 습기가 많을 때는 녹이 더 잘 생기지. 물속에 있는 이온이 녹을 더 빨리 생기게 하기 때문이야. 겨울철에 염화칼슘이 뿌려진 도로를 달린 후 자동차가 녹스는 걸 본 적 있어? 이건 염화칼슘이 물에 녹으면서 녹이 더 빨리 생기는 거야.

3장

드러나는 원소의 비밀

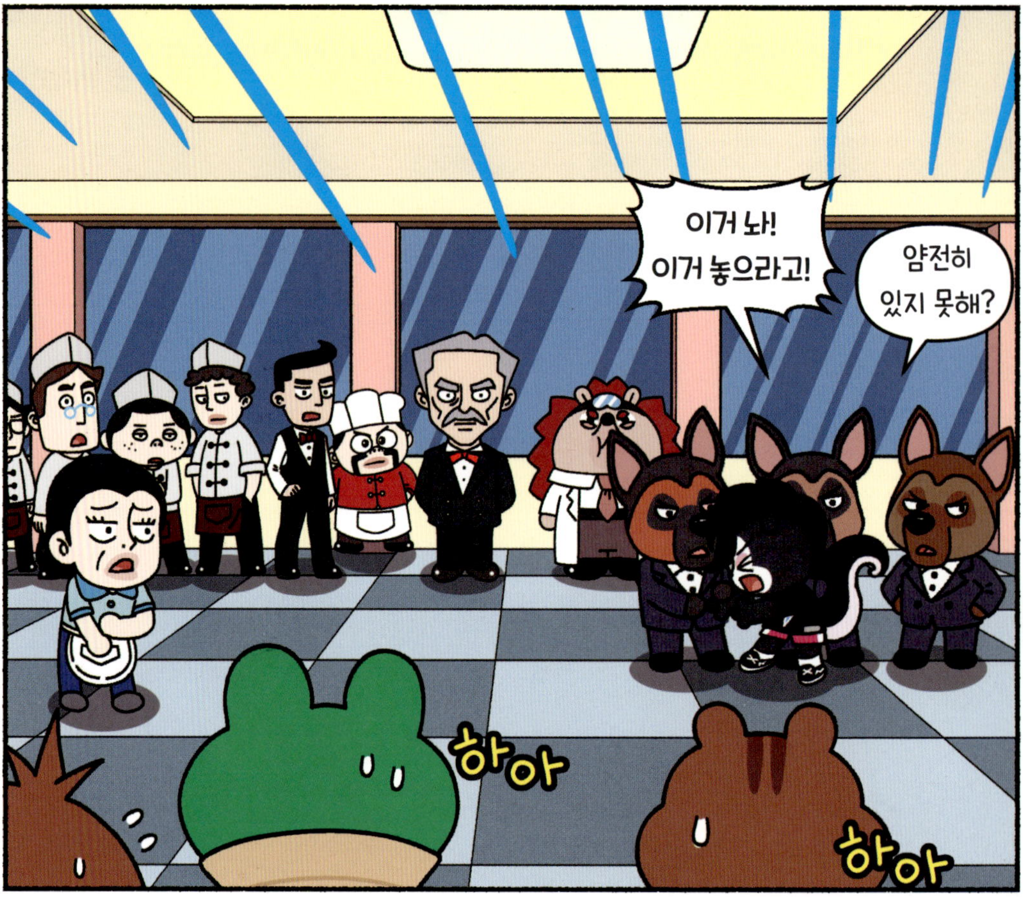
이거 놔!
이거 놓으라고!
얌전히
있지 못해?
하아
하아

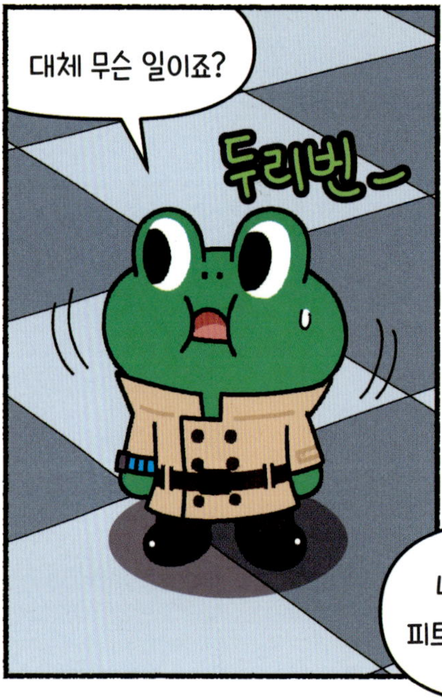
대체 무슨 일이죠?
두리번~

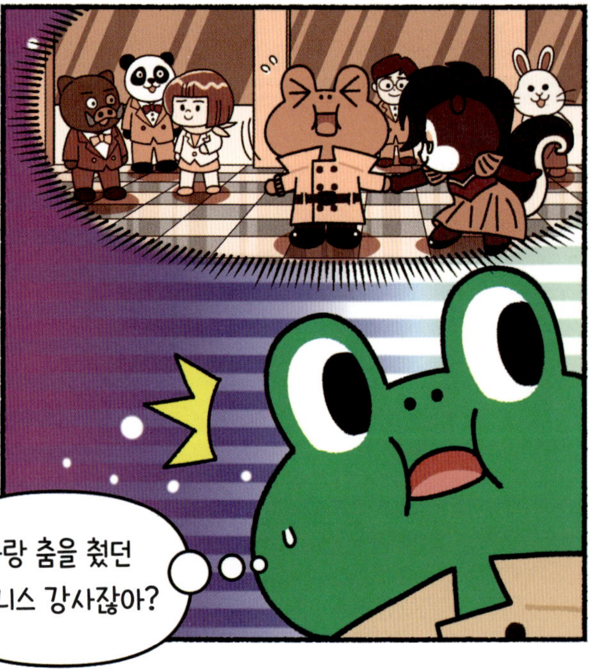
나랑 춤을 췄던
피트니스 강사잖아?

그래서 다이아몬드는 찾았나요?
그게 아직… 하지만 금방 알아낼 수 있네.
험험
만약 러시 양을 조사할 때 진짜 범인이 도망치기라도 하면, 그땐 어쩔 셈이죠?
그럴 일은 없네! 러시 양은 범인이 확실해!
만일 러시 양이 진범이 아니라면 킹 다이아몬드는 영영 찾을 수 없을 텐데요.
그건 안 돼!
아침까지만 시간을 주시죠. 킹 다이아몬드가 있는 곳을 반드시 알아내겠습니다.
탐정님!
자네!
알겠습니다. 정확히 내일 아침 7시까지만 기다리도록 하지요.

과학 X 파일

불꽃 반응

어떤 금속이나 화합물을 겉불꽃에 넣었을 때 금속의 종류에 따라 불꽃색이 변하는 현상을 불꽃 반응이라고 말해. 리튬은 빨강색, 소듐은 노란색, 칼륨은 보라색, 칼슘은 주황색, 스트론튬은 진한 빨간색, 바륨은 황록색, 구리는 초록색 불꽃이 생겨.

원소별 불꽃 반응: 소듐, 스트론튬, 바륨, 칼슘, 구리, 칼륨, 리튬

아름답게 하늘을 수놓는 불꽃놀이는 바로 이 불꽃 반응을 이용한 것이지. 불꽃 반응은 교통안전에 이용하기도 해. 터널 안의 조명이나 거리의 가로등에 노란색 불꽃이 나오는 소듐을 사용하지. 빨간색이나 주황색은 파장이 길어서 우리 눈에 잘 보이는 특징이 있어. 그래서 스트론튬이나 칼슘 같은 원소는 자동차 전등으로 많이 쓰여. 라면이나 찌개를 끓이다가 국물이 넘칠 때 파랗던 가스 불이 노랗게 변하는 것을 본 적 있어? 이것도 불꽃 반응이라 할 수 있어. 파란 불꽃이 소금(염화소듐)에 의해 노란색으로 변하는 거야.

우아! 색색의 불꽃이 너무 아름다워!

보석과 원소

광물은 지구가 진화하는 중에 수없이 많은 운동과 변화를 거치면서 원소끼리 화학적으로 결합한 거야. 암석을 이루고 있는 알갱이가 광물이지. 암석에는 여러 가지 광물이 섞여 있기도 하고, 하나의 광물로만 되어 있는 것도 있어. 반짝반짝 빛나는 보석을 좋아해? 보석은 이러한 광물이나 원석이라고 하는 암석에서 얻을 수 있어. 투명한 빛을 내는 다이아몬드는 탄소로만 이루어진 단일 원소 광물이야. 흑연도 탄소로 이루어진 단일 원소 광물이니까 다이아몬드와 구성 성분이 같아. 루비는 크로뮴 때문에 붉은빛을 내고, 아쿠아 마린과 에메랄드는 베릴륨이 들어 있어서 초록색을 띠는 거야.

원소가 노래를 부른다고?

우리는 금, 은, 구리의 색을 눈으로 보고, 소금의 맛을 느낄 수도 있어. 그렇다면 원소의 소리를 들을 수는 없을까? 이런 궁금증을 해결하기 위해 미국의 워커 스미스 연구원은 음악 주기율표를 완성했어. 화학자이자 음악가인 워커 스미스는 원소의 특징을 고유한 소리로 형상화하고 싶어 했던 거야. 빛과 소리는 모두 파장을 갖고 있는데, 빛은 파장의 길이에 따라 색이 달라지고 소리는 파장의 길이에 따라 음의 높낮이를 결정한다는 것에서 아이디어를 얻었지.

> 과학 교과연계
> 3-1-2 물질의 성질, 4-1-2 지층과 화석, 6-1-5 빛과 렌즈

불꽃놀이를 해 볼래?

주의: 위험하니까 꼭 어른과 함께하자! 불에 데이지 않도록 안전에 주의하고 소화기를 옆에 둬야 해.

준비물

고운 소금, 양초

① 양초에 불을 켠다.
② 고운 소금을 양초에 조금씩 천천히 떨어뜨린다.
③ 불꽃의 색을 관찰한다.
④ 설탕, 소다 등 집에 있는 다른 물질도 떨어뜨려 본다.

소금을 양초에 뿌릴 때는 눈에 들어가지 않도록 하고 꼭 어른과 함께해!

 과학원리

소금은 염화소듐이라고도 하는데 소듐 때문에 불을 붙이면 노란색 불꽃이 생기게 돼.

진짜 범인은…?

범인은 호텔에 안 좋은 소문을 내기 위해 도깨비불을 만들었습니다. 이 도깨비불은 원소의 불꽃 반응이었죠.

경비원들의 통증을 일으킨 것은 베릴륨이라는 원소의 독성을 이용한 것이었습니다.

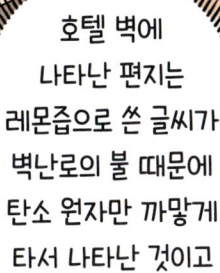

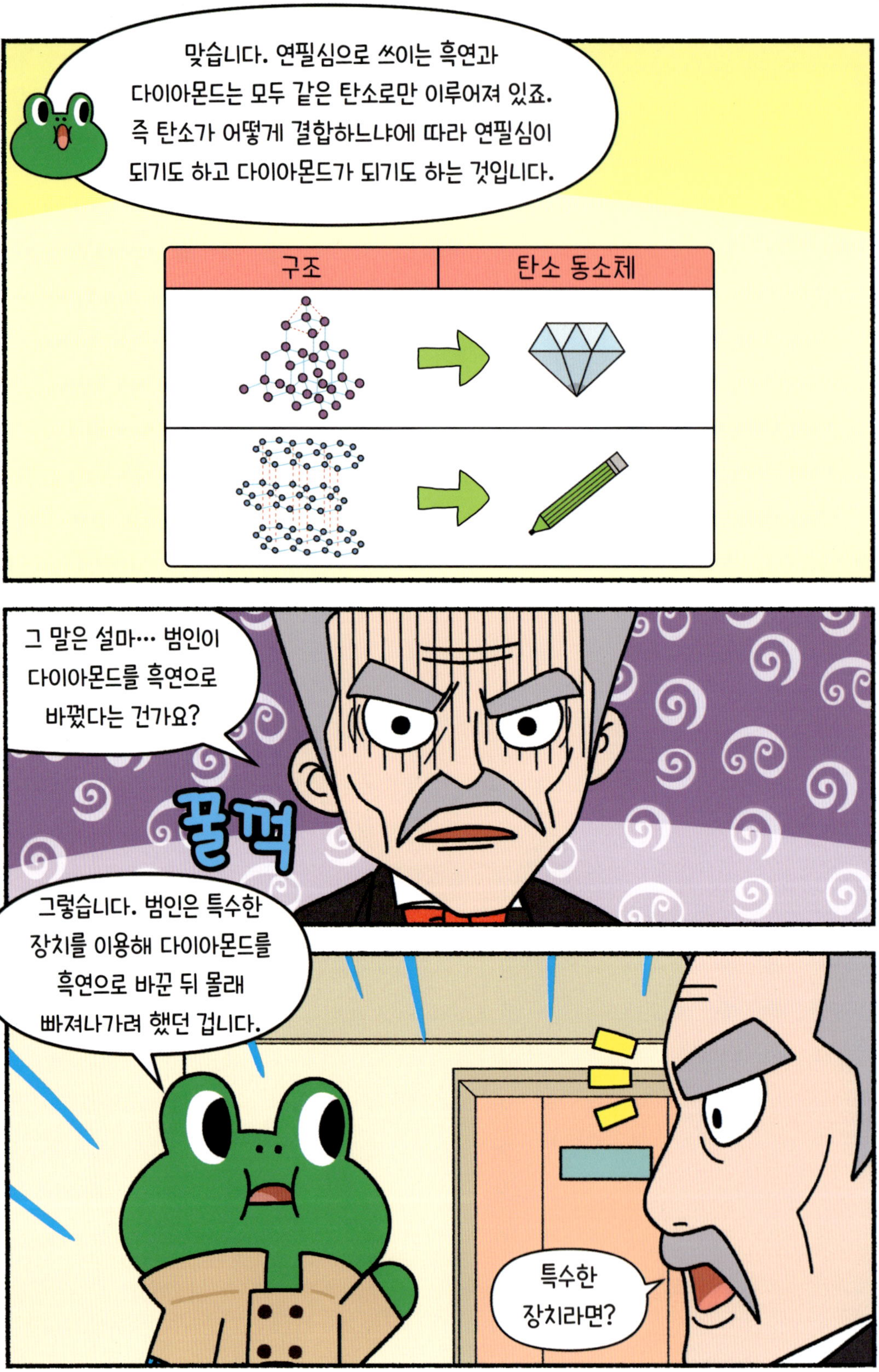

맞습니다. 연필심으로 쓰이는 흑연과 다이아몬드는 모두 같은 탄소로만 이루어져 있죠. 즉 탄소가 어떻게 결합하느냐에 따라 연필심이 되기도 하고 다이아몬드가 되기도 하는 것입니다.

구조	탄소 동소체
(다이아몬드 구조) ➡	💎
(흑연 구조) ➡	✏️

그 말은 설마… 범인이 다이아몬드를 흑연으로 바꿨다는 건가요?

꿀꺽

그렇습니다. 범인은 특수한 장치를 이용해 다이아몬드를 흑연으로 바꾼 뒤 몰래 빠져나가려 했던 겁니다.

특수한 장치라면?

진짜 다이아몬드로 변했어!

카일! 자네!

휙~

이 기회에 한몫 잡아서 도망치려 했더니.

쳇!

에잇!

꺄아~

으악!

다 다 닥

당장 잡아!

미스터리 탐정 보고서

사건명: 킹 다이아몬드 도난 사건

사건 장소: 다이아몬드 호텔

사건 번호: SS-N2307

사건 결과

★ 유령의 저주처럼 보였던 사건들은 사실 원소와 원자의 특성을 이용한 범죄였다.

★ 귀한 다이아몬드와 흔하게 보이는 연필 속 흑연이 모두 같은 탄소로 만들어졌다니!

★ 같은 원소도 조건에 따라 그 모습이 다른 것처럼 과학도 누가 사용하느냐에 따라 사건을 해결하기도 하고, 범죄를 저지르기도 한다.

PS: 그런데 미스터 블랙은 과연 누굴까?

연필심으로 다이아몬드를 만들 수 있을까?

연필심인 흑연과 다이아몬드는 한 종류의 원소인 탄소로 구성되어 있어. 하지만 원자의 결합 방법과 배열이 달라서 흑연이 되기도 하고 다이아몬드가 되기도 하는 거지. 이렇게 한 종류의 원소지만 원자의 결합과 배열이 달라서 다른 물질이 되는 것을 '동소체'라고 해. 다이아몬드는 탄소 원자 1개에 다른 탄소 원자 4개가 결합된 구조야. 그물처럼 치밀한 구조라서 다이아몬드가 단단한 것이지. 흑연은 탄소 여섯 개로 이루어진 고리가 연결되는데 육각형 모양의 얇은 판과 같은 결합 구조를 가져서 단단하지 않아. 하지만 둘 다 탄소로만 이루어진 탄소 동소체이지.

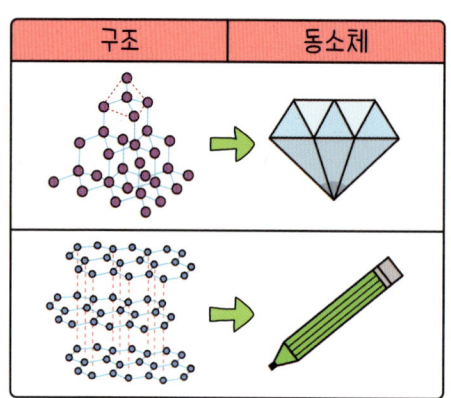

그렇다면 연필심인 흑연도 다이아몬드로 바꿀 수 있을까? 다이아몬드 합성 압력기라는 고압 장치와 높은 온도에서 흑연의 탄소 원자를 다이아몬드 구조로 변환시키면 인공 다이아몬드를 만들 수 있어. 하지만 매우 강하게 결합된 다이아몬드를 흑연으로 바꾸려면 엄청나게 높은 온도와 압력 장치가 필요해.

독성이 있는 원소

원소 중에는 독성이 있는 원소들도 많이 있어. 독성이 있는 원소에는 베릴륨, 비소, 납, 카드뮴, 수은 등이 있어. 베릴륨은 녹주석, 에메랄드 등 여러 보석의 구성 원소야. 은백색이고 가볍지. 예전 사람들은 베릴륨에서 단맛이 나서 사탕처럼 빨아먹기도 했어. 하지만 치명적인 독성이 있어서 인체에 폐와 심장 질환 등이 생기기도 했지. 지금은 공업용으로만 사용하고 있어.

독성이 있는 원소 때문에 병에 걸리거나 심한 경우엔 목숨을 잃기도 하니까 조심해야 돼.

우리 집에 방사성 물질 라돈이 있다고?

방사선이란 불안정한 원자핵을 갖는 원소가 무너지면서 내보내는 에너지야. 방사능은 방사선을 내보낼 수 있는 능력이지. 방사선은 크게 자연 방사선과 인공 방사선으로 나눠. 자연 방사선은 우주가 생겨날 때부터 존재했고 우주, 대기, 지각, 토양, 해양, 건축물, 음식, 사람 몸에도 존재해. 인공 방사선은 병원의 엑스레이, 원자력발전소 등에서 사용하는 방사선을 말해. 하지만 많은 양이 계속해서 몸에 스며들면 세포와 유전자를 파괴하거나 변경시킬 수도 있으니 주의해야 하지. 라돈은 자연계 물질 중 우라늄과 같은 물질이 붕괴하면서 발생하는 방사성 물질이야. 건축 자재에 라돈이 포함되어 있는 경우가 많아. 이러한 라돈이 우리 몸속에 계속해서 쌓이게 되면 큰 질병이 될 수도 있어서 위험해. 그래서 집 안 공기를 자주 환기시켜 주는 게 좋아.

> **과학 교과연계**
> 3-1-2 물질의 성질, 4-1-2 지층과 화석,
> 4-1-5 혼합물의 분리, 6-1-4 여러 가지 기체

탱탱볼을 만들어 볼래?

주의: 붕사를 만질 땐 꼭 비닐 장갑을 껴야 하고 붕사를 먹지 않도록 주의해야 돼. 안전을 위해 어른과 함께하자!

준비물
붕사(약국에서 살 수 있어!), 물풀(PVA), 종이컵 2개, 색소, 나무스틱, 더운물(붕사가 녹을 정도의 온도면 충분해!), 비닐 장갑

① 종이컵에 더운물을 $\frac{1}{2}$ 정도 붓고 붕사를 한 숟가락 넣어 젓는다.

② 다른 종이컵에는 물풀 $\frac{1}{3}$ 정도에 색소를 약간 넣어 나무 스틱으로 젓는다.

③ 물풀을 넣은 종이컵에 ①번 붕사를 약간씩 넣으면서 장갑을 낀 손으로 동그랗게 굴리며 굳혀 준다.

④ 붕사의 양에 따라 딱딱한 정도가 어떻게 달라지는지 관찰한다.

탱글탱글 내가 만든 공!

과학원리

붕소는 자연계에서 '붕사'라고 하는 광물의 형태로 존재해. 붕사는 잘 늘어나고 탄성의 성질이 있어서 장난감 재료로 많이 사용하지. 물풀 속에는 폴리비닐알콜(PVA)이란 성분이 있는데 접착력이 아주 강해. 붕사는 이 폴리비닐알콜과 거미줄처럼 얽히고 설켜서 점성과 탄성을 가지게 되는 거야.

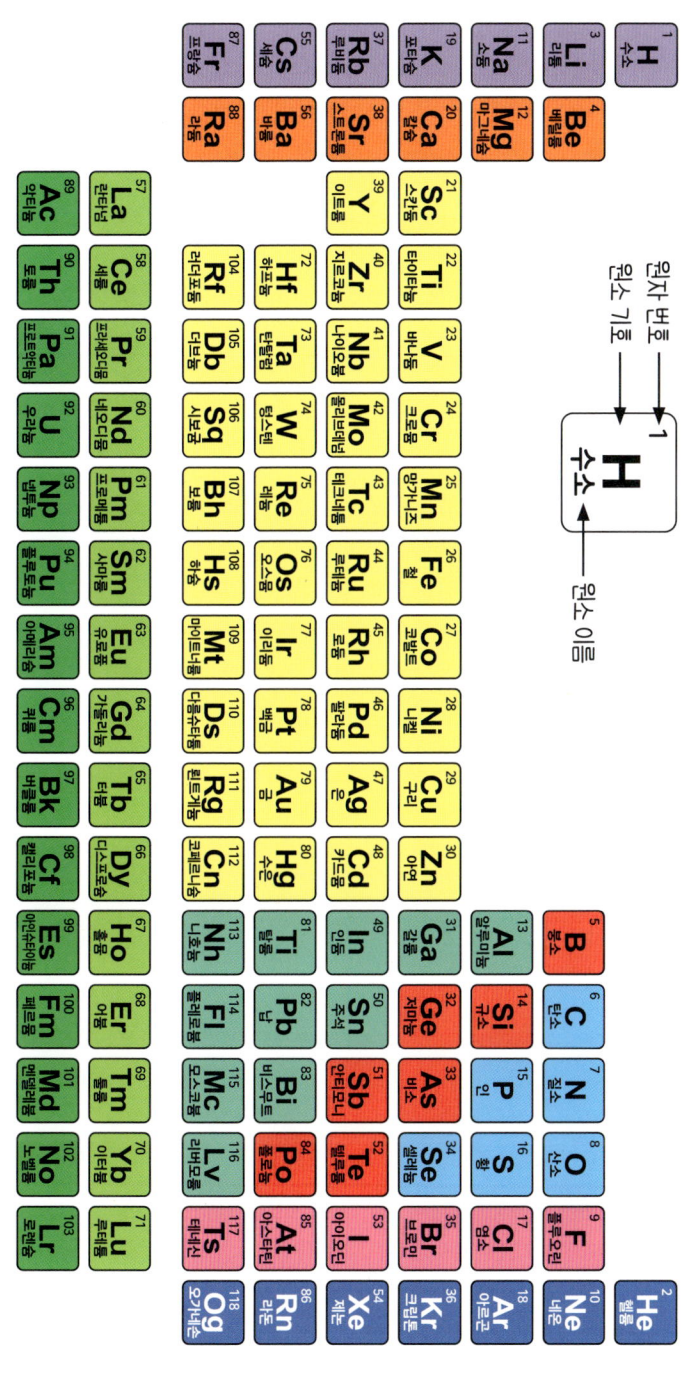

① 킹 다이아몬드 도난 사건

글 김정욱 **그림** 유희석 **정보 글** 서원호
감수 카이스트 과학 영재교육원 연구원 김희목 권경아
초판 1쇄 발행 2023년 12월 20일
초판 4쇄 발행 2025년 12월 1일

펴낸이 김영곤
프로젝트1팀장 이명선
기획개발 권정화 김현정 최지현 채현지 우경진 오지애 **디자인** 박지영
영업팀 정지은 한충희 장철용 남정한 강경남 황성진 김도연 이민재
제작팀 이영민 권경민
IPX 강병목 임승민 김태희

펴낸곳 ㈜북이십일 아울북 **출판등록** 2000년 5월 6일 제406-2003-061호
주소 (우 10881) 경기도 파주시 문발동 회동길 201
연락처 031-955-2100(대표) 031-955-2441(내용문의) 031-955-2177(팩스) **홈페이지** www.book21.com
ISBN 979-11-7117-300-6 (77400)

Licensed by IPX Corporation

본 제품은 아이피엑스 주식회사와의 정식 라이선스 계약에 의해 ㈜북이십일에서 제작, 판매하는 것으로
아이피엑스 주식회사의 명시적 허락 없이는 어떠한 경우에도 무단 복제 및 판매를 금합니다.

＊책값은 뒤표지에 있습니다. ＊잘못 만들어진 책은 구입하신 서점에서 교환해 드립니다.

- 제조자명: ㈜북이십일
- 주소 및 전화번호: 경기도 파주시 회동길 201(문발동) 031-955-2100
- 제조연월: 2025년 12월 1일
- 제조국명: 대한민국
- 사용연령: 3세 이상 어린이 제품

레너드 요원의 비밀 수사를 도와줘!

레너드 요원과 변신 용품들을 오려서 붙여 보세요!

함께 읽으면 좋아요!

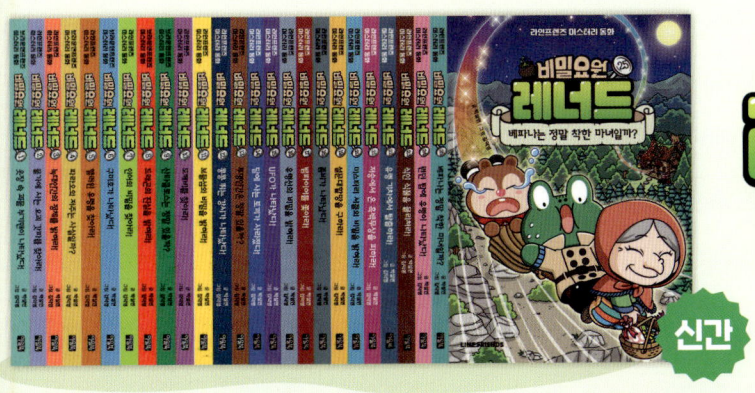

비밀요원 레너드

스릴 만점! 예측 불허!
레너드 요원의
미스터리 대모험!

신간

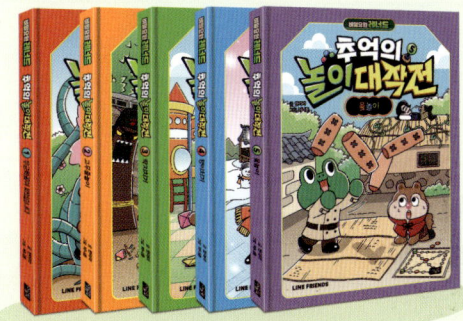

비밀요원 레너드 우리말 사무소

초등 필수 어휘 수록!
배꼽 잡고 웃다 보면
문해력이 쑥쑥!

추억의 놀이대작전

신개념 놀이 동화!
추억의 놀이 즐기며
사고력, 관찰력을 키워요!

★ 교보문고, 예스24, 알라딘 등 온라인 서점 및 전국 오프라인 서점에서 만나실 수 있습니다 ★